हनुमान गोप

ISBN 979-8-88684-502-0

प्रस्तुत काव्य संग्रह

मेरी परम पूज्य माताजी स्वर्गीय रमावती देवी को

सादर समर्पित

हो गई है पीर पर्वत-सी पिघलनी चाहिए,

इस हिमालय से कोई गंगा निकलनी चाहिए।

सिर्फ हंगामा खड़ा करना मेरा मकसद नहीं,

मेरी कोशिश है कि ये सूरत बदलनी चाहिए।

— दुष्यंत कुमार

अनुक्रमणिका

समर्पण

सर्वप्रथम, मैं अपनी कविता रचना की पूरी यात्रा हेतु परम पिता परमेश्वर को धन्यवाद देना चाहता हूँ, जिन्होंने मुझे शक्ति, साहस और ज्ञान का आशीष दे मनोभावों की अनुभूति करायी। तत्पश्चात मैं अपनी माताजी स्वर्गीय रमावती देवी को प्रणाम करता हूँ, जिन्होंने मेरा उत्साहवर्धन जीवन भर किया और आज भी मेरे लिए प्रेरणा की स्त्रोत हैं।

मैं प्रणाम करता हूँ अपने पिताजी श्री शिवनाथ गोप को, जिन्होंने मेरा मार्गदर्शन किया और पढ़ने लिखने के लिए सदा प्रेरित किया। उनका मार्गदर्शन आज भी मुझे मिलता रहता है।

मैं अपनी जीवन संगिनी श्रीमती शालिनी सिंह तथा मेरे भाई श्री अंगद गोप, श्री जामवंत गोप और छोटी बहन पुष्पा कुमारी का हृदय से आभार व्यक्त करता हूँ, जिन्होंने मेरी रचनाओं को हमेशा सराहा और लिखने के लिए प्रेरित किया है।

परिवार के बाहर भी मेरे कई मित्र, गुरु, सहकर्मी और शुभचिंतक हैं, जिन्होंने मुझे सदा उत्साहित किया है। सभी का नाम लेना यहाँ संभव नहीं, इसीलिए बिना नाम लिए ही मैं सभी के प्रति अपना आभार व्यक्त करता हूँ।

परिचय

हनुमान गोप

श्री हनुमान गोप का जन्म उत्तर प्रदेश के अंतर्गत चक्मलुक गाँव, पोस्ट सिखड़ी, जिला गाजीपुर में सामान्य परिवार में हुआ था। इनके पिता श्री शिवनाथ गोप एक निष्ठावान और कर्मठ व्यक्ति हैं, जिन्होंने अपने जीवन में शिक्षा को बहुत महत्व दिया और प्रयास किया की अपने सभी बच्चों को अच्छी शिक्षा प्राप्त करा सकें। इनकी माता जी स्वर्गीय रमावती देवी बहुत शालीन महिला थीं।

आरंभिक शिक्षा होली क्रोस स्कूल, घाटोटांड, वेस्ट बोकारो, जिला रामगढ़ (झारखण्ड) में मिली, फिर ये ग्वालियर के बोस्टन कॉलेज, जीवाजी यूनिवर्सिटी में दाखिल हुए जहाँ से इन्होंने बायोटेक्नोलॉजी में स्नातक की डिग्री प्राप्त की।

फिर इन्होंने झारखण्ड के प्रतिष्ठित शिक्षा संस्थान बी आई टी मेसरा रांची, से वित्तीय प्रबन्धन में एमबीए की डिग्री प्राप्त की।

तत्पश्चात इनका चयन आईडीबीआई बैंक में सहायक प्रबंधक के पद पर हुआ। आज आईडीबीआई बैंक में ये शाखा प्रबंधक के पद पर कार्यरत हैं।

बचपन से ही इन्हें लिखने का शौक रहा है। कई पत्र पत्रिकाओं में इनकी रचनाएँ प्रकाशित होती रहीं हैं।

दो शब्द

दर्पण "मेरी प्रिय रचनाएँ" मेरा पहला काव्य संग्रह है। यह पुस्तक मेरी उन रचनाओं का संकलन है, जो मेरे हृदय के सबसे करीब हैं। मेरी ये रचनाएँ मन में उठने वाले भावों का शाब्दिक चित्रण हैं और समाज का प्रतिबिम्ब दिखाने वाला दर्पण है।

इस काव्य पुस्तक में आप जीवन के भिन्न भिन्न पहलुओं, रिश्ते नातों से जुड़े भाव व् कल्पना से सजी कविताएँ पायेंगे। समाज में व्याप्त ज्वलंत समस्याओं पर भी कविता के माध्यम से व्यंग्य किया गया है व उनसे उभरने के उपायों पर भी चर्चा की गयी है। कुछ राजनीतिक बिन्दुओं पर भी चुटकियाँ ली गयी हैं, जिनकी भाषा शैली अत्यंत सरल व् स्पष्ट है।

दर्पण "मेरी प्रिय रचनाएँ" में मैंने अपने जीवन में मिली असफलताओं तथा उनसे उभरने हेतु आत्म शक्ति जागृत करने वाले छोटे मोटे अनुभवों को कुछ प्रेरणादायी कविताओं के माध्यम से आप सभी के साथ साझा किया है।

ये मेरा प्रथम प्रयास है जब मैंने अपने विचारों को शब्दों के माध्यम से प्रकट किया है। मुझे उम्मीद है की आप मेरी कविताओं से आनंदित होंगे।

मेरी कविता "धर्मयुद्ध था पर धर्म कहाँ था" महाभारत युद्ध के उपरांत बहुत से लोगों के मन में उठने वाले प्रश्नों का काव्य रूपांतरण है।

"सीता की व्यथा" के माध्यम से नारी जाति पर होने वाले अन्याय की तरफ ध्यान आकर्षित करने का प्रयास किया गया है।

आज के समय में जब पत्रकारिता और अभिव्यक्ति की स्वतंत्रता पर अंकुश लगने लगा है, तब मैंने अपनी कविता "कलम तुम्हें सच कहना होगा" और "मेरे भाई तुम कुछ बोलो" के माध्यम से एक दिया जलाने का प्रयास किया है।

"पत्रकार महोदय, कुछ तो शर्म करो" के माध्यम से मैंने लोकतंत्र के चौथे स्तंभ के गिरते स्तर पर प्रकाश डालने का प्रयास किया है।

मेरी कविता "भरत का सन्यास" भाई के प्रति भाई के प्रेम का मार्मिक चित्रण है, जिसमे भरत की त्याग भावना और मानव मूल्यों की महानता को चित्रित किया गया है।

मेरी रचना "द्रौपदी का अपमान" द्रौपदी की मनोदशा का चित्रण है। जब स्वयं योगेश्वर भगवान् श्री कृष्ण शांति का प्रस्ताव लेकर हस्तिनापुर जाते हैं, तब द्रौपदी माधव के शांति दूत बनने का विरोध करती है और उन्हें अपने मन की व्यथा सुनाती है।

कोरोना काल के भयानक मंजर को दर्शाती, मेरी कविता "ये समय की कैसी आहट है" मानव समाज पर आये संकट का मार्मिक चित्रण है।

मैं "कवि हूँ कविता गाऊँगा" के माध्यम से मैंने एक कवि की भावना को व्यक्त किया है। मेरी ये रचना कवि और शायर की समाज के प्रति जो जिम्मेदारी है उसको व्यक्त करती है।

मैंने अपनी कविता "मैं धरतीपुत्र किसान हूँ" के माध्यम से किसानों की खस्ता हालत की तरफ समाज का ध्यान आकर्षित करने का प्रयास किया है।

मैंने अपनी पुस्तक दर्पण "मेरी प्रिय रचनाएँ" के माध्यम से अपनी उन कविताओं को आपसे साझा किया है जो मेरे हृदय के करीब हैं। उम्मीद है की आपको मेरी रचनाएँ पसंद आएँगी और आपका प्रेम और प्रोत्साहन भी मुझे प्राप्त होगा।

सादर धन्यवाद

हनुमान गोप

वाराणसी, उत्तर प्रदेश

ईमेल: gopehanuman@gmail.com

किताबें बोलती हैं

किताबें बोलतीं हैं,
भेद छिपे ये खोलतीं हैं।
सही गलत भी तौलतीं हैं,
किताबें बोलतीं हैं।

मौन रहती हैं लेकिन,
भीतर राज़ इनके गहरे हैं।
इनको है पता सब,
समाज के जो भी पहरे हैं।

अनुभव है सदियों का,
पन्नो में जिंदा हैं सब किरदार।
संगम ये नदियों का,
इनमे भरा ज्ञान का भंडार।

ये साथी हैं उनका,
जिनका कोई मीत नहीं।
इनसे परे जग में,
कोई राग और संगीत नहीं।

ये मौन रहकर भी
जीवन का राग सुनाती हैं।
ये शांत भाव से
मनुष्य को मनुजता सिखाती हैं।

जीवन का सारा ज्ञान,
अपने भीतर समेटती हैं।
पढ़ने वाला जो मिल जाए,
किताबें बोलतीं हैं।

मीठी वाणी बोलो

मीठी वाणी बोलो,
मुँह में अपने मिश्री घोलो।
देखो कोयल कैसे गा रही,
जीवन का राग सुना रही।

तुम भी कोयल बन जाओ,
धुन मधुर कोई तुम गाओ।
सलीका कहने का भी सीखो,
यहाँ वहाँ बेवजह मत चीखो।

मुस्कुरा कर सबसे मिला करो,
फूलों की तरह तुम खिला करो।
इतना तनाव देखो अच्छा नहीं,
मन मुटाव भी होता सच्चा नहीं।

ये खेल तो बहुत पुराना है,
सुख दुख तो बस बहाना है।
सीमित सबके सांसों की डोर,
नाव को लगना इक दिन छोर।

फिर क्यों इतनी मारा मारी है,
भौंहे तनी और मुहँ में गारी है।
क्यों क्रोध से आँखें हुई लाल हैं,
क्यों हर कोई बन जाता काल है।

जब सब छोड़ इक दिन जाना है,
छणिक यहाँ सब खोना पाना है।
आओ मिलकर हम सब यहाँ रहें,
दुख इक दूसरे का भी थोड़ा साहें।

जब भी मुँह खोलें प्रेम से बोलें,
कहने से पहले शब्दों को तोलें।
भावुकता का भाव रहे जीवन में,
अनुराग बसे सबके अंतर्मन में।

द्रौपदी का अपमान

हस्तिनापुर युद्ध की ओर बढ़ा था,
लड़ने को आतुर हर वीर खड़ा था।
शांति प्रस्ताव लेकर भगवान चले,
प्रयास था उनका की ये युद्ध टले।

द्रौपदी को शांति प्रस्ताव न भाया,
प्रतिशोध से भरा मन अकुलाया।
बोली पांचाली, करके प्रणाम।
क्या तुम भी भूले मेरा अपमान?
या लगाने चले हो घावों का दाम।

तनिक याद करो वो कुरु राज्यसभा,
मेरे घायल मन की व्यथा।
दुःसाशन ने केशों से मुझे खींचा था,
भरी सभा में मुझे घसीटा था।

दुर्योधन मुझ पर खूब हँसा था,
कर्ण ने वैश्या कहकर तंज कसा था।
दुःशासन ने मुझे हाथ लगाया था,
सबने गोविंद बहुत रुलाया था।

सभा भरी थी महारथियों से,
सगे संबंधी और नरपतियों से।
उनमें से भी कोई कुछ ना बोला,
पितामह ने भी मुंह ना खोला।

मेरा चीर हरण जब हुआ था,
मर्यादा का दहन जब हुआ था।
कोई सहायता को मेरी ना आया।
बस तुमने ही मान बचाया।

मेरा मन भला शांति कैसे चाहेगा?
प्रस्ताव तुम्हारा ये कैसे भाएगा?
मेरे अपमान का प्रतिशोध तो रण है,
दुर्योधन, दुःशासन और कर्ण का मरण है।

मेरे ये केश खुले यदि रह जाएंगे,
रण में ध्वजा बन ये लहराएंगे।
अपमानित जीवन मेरा है जब तक,
पांडव कायर कहलाएंगे तब तक।

मैं नहीं चाहती गिरिधर तुम जाओ,
कोई शांति प्रस्ताव अब उन्हें सुनाओ।
अब तो रणभेरी तुम बज जाने दो,
रणभूमि को मरघट बन जाने दो।

रण में जब दुष्ट सब मारे जायेंगे,
पाशे शकुनी वाले सब हारे जायेंगे।
शोणित से वसुधा की प्यास बुझेगी,
मेरे घायल मन की भी आग बुझेगी।

धर्म युद्ध था पर धर्म कहाँ था

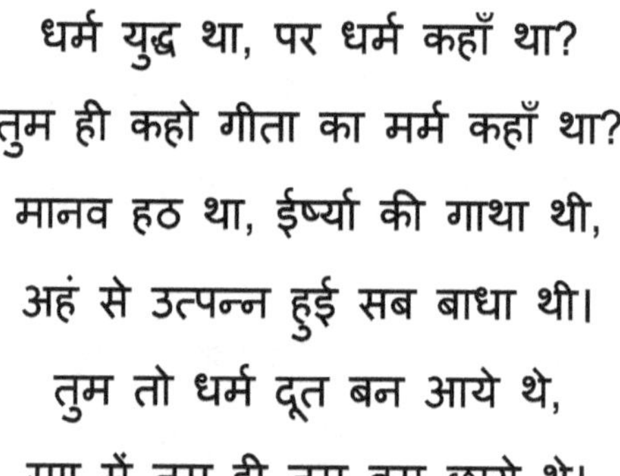

धर्म युद्ध था, पर धर्म कहाँ था?

तुम ही कहो गीता का मर्म कहाँ था?

मानव हठ था, ईर्ष्या की गाथा थी,

अहं से उत्पन्न हुई सब बाधा थी।

तुम तो धर्म दूत बन आये थे,

रण में तुम ही तुम बस छाये थे।

तुमने प्रतिज्ञा की थी, शस्त्र नहीं धारोगे,

सारथी बन अर्जुन को रण क्षेत्र उतारोगे।

भीष्म के प्रहार, जब पांडव सह न पाए,

मौन अधिक समय तुम भी रह न पाए।

भूल प्रतिज्ञा अपनी, तुमने शस्त्र उठाया था।

महासमर में अपना रौद्र रूप दिखलाया था।

भीष्म ने पांडव सेना पर तीखे प्रहार किये,
कौरव की जीत सुनिश्चित, पांडव की हार किये।
तुमसे रहा न गया, तुमने छल से काम लिया,
भीष्म के सामने शिखंडी का फिर नाम लिया।
विवश हुए गंगापुत्र, युद्ध अब कर ना पाए,
छल का उत्तर छल से देना उनको ना भाए।
पार्थ ने बाणों की शैय्या पर उनको गिरा दिया,
कुरु वंश का ध्वज, उस दिन जैसे झुका दिया।

रथ के पहिये भूमि मे जब धसने लगे,
महासमर मे, राष्मीरथि भी तब फसने लगे।
तुमने अर्जुन को जाने कैसा ज्ञान दिया,
धर्म का तनिक भी उसने नहीं ध्यान किया।
सूर्यपुत्र को पार्थ ने जैसे मारा था,
कर्ण नहीं, उस दिन स्वयं अर्जुन हारा था।

अश्वत्थामा की मृत्यु का, तुमने भ्रम फैलाया,
द्रोणाचार्य को भी जाकर, झूठा संदेश सुनाया।
पुत्र शोक में, द्रोण ने जब शस्त्रों को त्याग दिया,
मस्तक छल से उनका, शिष्यों ने ही काट दिया।
गुरु की शिक्षा का भी कहाँ मान रहा?
धर्मयुद्ध में धर्म का किसे ध्यान रहा?

दुर्योधन- भीम जब द्वंद अंतिम करने लगे,
युद्ध की दशा देख तुम भी डरने लगे।
कहीं युद्ध का परिणाम बदल ना जाए,
हाथ आई विजय कहीं फिसल ना जाए।
इशारों में भीम को तुम कुछ समझाने लगे,
भूली हुई प्रतिज्ञा याद उसे दिलाने लगे।
नियमो के विरूद्ध उसने फिर प्रहार किया,
छल से कुरुपुत्र का भी संहार किया।

छल का उत्तर छल से ही तो दिया गया,
घावों को घावों से ही आखिर सिया गया।
भाई ने भाई को मारा, दादा- पोते सब मारे गए,
इक राज की लालसा में, कितने जीवन वारे गये।
तुम ही कहो, गीता का मर्म कहाँ था?
धर्म युद्ध था, पर धर्म कहाँ था?

मैं धरती पुत्र किसान हूँ

मैं धरती पुत्र किसान हूँ,
वसुधा की पीड़ित संतान हूँ।

धरती का सीना चीरकर,
बीज सृजन का मैं बोता हूँ।
फसलों को लहू से सींचकर,
अन्न सबके लिए संजोता हूँ।

कहने को तो मैं अन्नदाता हूँ,
भोजन देने वाला विधाता हूँ।
मेरी हालत हुई बहुत खराब है,
रूठी किस्मत और टूटे ख्वाब हैं।

बच्चे हमारे बेबस और लाचार,
ना शिक्षा पूरी, ना कोई व्यापार।
बिटिया के ब्याह में, सब बिक गया,
समय दुख थोड़ा और लिख गया।

प्रकृति का कोप भी हमें सहना है,
कभी सूखा, कभी बाढ़ में बहना है।
वोले की मार से फसल मर जाता है,
गलत नीतियों से सब गल जाता है।

कर्ज हमपर इतना हो गया,
जीने से मरना सरल हो गया।
हमारे नाम पर होती राजनीति,
बनती नहीं हित में कोई नीति।

हमारे नाम पर बस चुनाव होते,
सबके अपने अपने दाव होते।
चुनाव उपरांत, कोई नहीं पूछता,
खेतों में किसान वैसे ही जूझता।

सरकारों से बस इतनी इल्तज़ा है,
जिंदगी हमारी अब तो हुई सजा है।
हमारे लिए भी अब कुछ काम करो,
थोड़ी राशि किसानों के भी नाम करो।

नीतियों में भी कुछ परिवर्तन हो,
नहीं केवल चुनावी प्रदर्शन हो।
जीवन में हमारे, ऐसा सुधार हो,
हम पर किसी का नहीं उधार हो।

हमारे बच्चे भी फूलें फलें नहाएं,
खुशियां हमारे जीवन में भी आएं।
अब हम भी दो रोटी पेट भर खाएं,
चैन से थोड़ा तो हम भी सो पाएं।
मैं धरती पुत्र किसान हूँ,
वसुधा की पीड़ित संतान हूँ।

कलम तुम्हें सच कहना होगा

कलम तुम्हें सच कहना होगा,

स्याही को आँसू बन बहना होगा।

मजलूमों की दास्तां सुनानी होगी,

दर्द की दवा भी बतानी होगी।

शोषित हैं जो, उनकी आवाज़ बनो,

नए गीतों की तुम साज़ बनो।

ढाल बनो उनका जो भूखे हैं,

दिन और रात जिनके रूखे हैं।

दुख में जो बहता, वो खून लिखो,

मजबूरी में जो, उनका जुनून लिखो।

दो चुनौती अब तो मीनारों को,

शासन की मजबूत दीवारों को।

लिखो किसान की वेदना को,
विधवाओं की संवेदना को।
भूखे बच्चों की भूख लिखो,
सदियों की तुम चूक लिखो।

वैश्यायों की कथा सुनाओ,
मजबूरों की व्यथा बताओ।
करो उजागर हत्यारों को,
सरकार के झूठे नारों को।

लोगों को दुख में जब रहना होगा,
गुर्बत में सब कुछ सहना होगा।
लाशों को जब गंगा में बहना होगा,
कलम तुम्हें सच कहना होगा।

ऐ जिंदगी थोड़ी ठहर जा

ऐ जिंदगी थोड़ी ठहर जा,
तेरी रफ़्तार से घबराने लगा हूँ मैं।

मन के भावों को भी थाम ले कोई,
इस भटकाव से कुम्हलाने लगा हूँ मैं।

वो जमाना और था, दौड़ती थी जब जिंदगी,
अब तो ठहराव में सुकूँ पाने लगा हूँ मैं।

कभी बारिश की इन बूंदों का कायल था,
अब कीचड़ से पावों को बचाने लगा हूँ मैं।

मोहब्बत भी की, दोस्ती भी खूब निभाई,
अब इन रिश्तों से कतराने लगा हूँ मैं।

समय के साथ शायद सब कुछ बदल रहा,
इस बदलते परिवेश को अपनाने लगा हूँ मैं।

ऐ जिंदगी थोड़ी ठहर जा,
तेरी रफ़्तार से घबराने लगा हूँ मैं।

रावण-दहन

रावण-दहन कर लोग जब मुस्काए,
स्वर्ग में बैठे दशानन अकुलाए।
मन में कुछ विचार कर, धरा पर आए,
भय के बादल जैसे वसुधा पर छाए।

अफरा-तफरी मची, बुरा हाल हुआ,
लगा जैसे प्रकट स्वयं काल हुआ।
बोले दशानन, घबराने की बात नहीं,
कहने आया हूँ तुमसे, जो बात सही।

मैं पुलत्स्य ऋषि का वंशज,
विश्रवा का पुत्र, बड़ा ज्ञानी।
मैं लंका का विजयी शासक
शक्ति मेरी सुरपति ने मानी।

सहस्त्रों योद्धा मुझसे हारे,
रण में कई नरपति भी मैंने मारे।
मुझसे भय खाते थे ग्रह ओ नक्षत्र,
मेरे तरकश में थे सब दिव्य अस्त्र।

मैंने परिश्रम से शक्ति पाई,
रुद्र की कृपा और भक्ति पाई।
शास्त्रों को पढ़ा, अध्ययन किया,
शिक्षा गुरु से भी ग्रहण किया।

मैं सब वेदों का पंडित ज्ञानी,
इस कारण थोड़ा अभिमानी।
कैलाश पर्वत था मैंने उठाया,
रुद्र को भी भुजबल दिखलाया।

शिव ने भी मुझको अपनाया,
शीश काटकर उनको चढ़ाया।
रूठे जब शंकर, मैंने मनाया,
शिव स्तोत्र रच, उनको सुनाया।

मैं रुद्र वीना का भी वादक,
सन्यासी हूँ मैं और हूँ साधक।
मैंने आयुर्वेद के भी सूत्र पढ़े,
अर्क प्रकाश से उत्तम ग्रंथ गढ़े।

सीता हरण, जो मेरा दोष था,
वो इक भाई का प्रतिशोध था।
उसका दंड भी मैंने था पाया,
रण में सब कुछ अपना लुटाया।

तुम जो हर वर्ष, पुतले मेरे जलाते हो,
मुझको रावण, खुद को राम बताते हो।
क्या इतना सहज है राम बन पाना?
राजा होकर वन में जीवन बिताना?

मेरे पुतले जलाकर, होगा कुछ लाभ नहीं,
राम मिलेंगे, जब मन में हो पाप नहीं।
विचार करो, कुछ ऐसा जतन करो
मन के भीतर जो रावण बैठा,
पहले तुम उसका दहन करो।

मैं इंसान हूँ

मैं इंसान हूँ,
खुदा की पहचान हूँ,
फरिश्तों का अरमान हूँ।
मैं इंसान हूँ।

मैं जो चाहूँ कर सकता हूँ,
हर संकट को हर सकता हूँ।
अपनी पर जो आ जाऊं मैं,
दरिया का रुख बदल सकता हूँ।

मैंने समुद्र पर बाँध बांधा था,
पहाड़ों, कंदराओं को लांघा था।
जो उत्पाद बढ़ा हठधर्मियों का,
रण में मैंने सबको संहारा था।

मैं भगीरथ का वंशज हूँ,
गंगा धरा पर जो लाए थे।
मैं भरत का उत्तराधिकारी,
धर्म की ध्वजा जो लहराए थे।

मेरे पुरखों ने सदा,
वीरता का अध्याय लिखा,
हर मुश्किल को हँस कर पार किया,
वचन के लिए जीवन तक वार दिया।

मैं अंधियारे में चिराग बन जलता हूँ,
मोम बन मुल्क की खातिर गलता हूँ।
मुझपर विधाता को भी अभिमान है,
मुझसे ही धरा पर उसका सम्मान है।

मैं सृष्टि में जीवन का मान हूँ,
खुदा का प्रतीक औ परिधान हूँ।
मैं वसुधा की उत्तम संतान हूँ,
मैं इंसान हूँ।

दोस्त पुराने याद आते हैं

दोस्त पुराने याद आते हैं,
वो गुज़रे ज़माने याद आते हैं।

कॉलेज की वो कैंटीन पुरानी,
आंखो में बसा वो चेहरा नूरानी।
वो क्लासरूम के रोचक किस्से,
जीवन के बन गए जो हिस्से।

वो बैच की सबसे सुंदर बाला,
सबके सपनो की थी मधुबाला।
वो रातों को हॉस्टल में जागना,
सुबह क्लास के लिए भागना।

हमारा इकतरफा सच्चा प्यार,
मान बैठे थे जिसे हम संसार।
वो दोस्तों के ताने रोज़ सहना,
वो भावनाओ में हमारा बहना।

वो सिगरेट छुप छुप कर पीना,
वो मस्ती में हर रोज़ का जीना।
न फिक्र, न कोई चिंता मन में,
जिंदगी जैसे जिंदा थी तन में।

वो बीते दिन और बीती रातें,
वो पुरानी बातें और सौगातें।
वो किस्से पुराने हम सुनाते हैं,
दोस्त पुराने याद आते हैं।

ईश्वर का स्वरूप

दुनिया में कितने मजहब हैं,
हर रूप में देखो यहाँ रब है।
पूजा पद्धति सबकी पृथक है,
मंजिल सबकी लेकिन एक है।

कहीं हाथ जोड़कर पूजा होती,
कहीं खुले हाथों होती इबादत।
मंदिर में मंत्र, श्लोक सुजान है,
मस्जिद में होती रोज़ अजान है।

कोई कहता रब का आकार है,
कोई मानता उन्हें निरंकार है।
कोई गिरिजा में गुहार लगाए,
कोई गुरुद्वारा में पुकार लगाए।

जैसे चाहें हम उसका ध्यान करें,
मन्दिर मस्जिद सब उसके धाम हैं
जिस किसी रूप में हम याद करें,
वो तो सबके लिए एक समान है।

उसके घर कोई बंटवारा नहीं,
उसके बिना कहीं उजियारा नहीं।
वो ही हम सब का भाग्य विधाता,
इस धरा पर वो ही जीवन दाता।

उसके इशारे से पृथ्वी घूमती,
उसकी इच्छा से प्रकृति झूमती।
वो काल का भी स्वयं स्वामी है,
वो सर्वज्ञ है, वो ही अन्तर्यामी है।

अलग अलग राहों से सब जाते,
अंत में हम सब उसको ही पाते।
राम रहीम सब उसके ही रूप हैं
जो है सब ईश्वर का स्वरूप है।

भरत का सन्यास

माता ने स्वार्थ कुछ ऐसा साधा,
भगवान के जीवन में आई बाधा।

राम ने भी पिता के वचनों को मान लिया,
चौदह वर्ष रहूँगा वन में, ये ठान लिया।

कैकेयी खुश थी, मन में फूल गयी,
बेटे का चरित्र शायद भूल गयी।

भरत ने आते ही सब कुछ नकार दिया,
अपनी माता को भी जैसे धिक्कार दिया।

आँखों में जल भर, मन में विश्वास लिए,
चले भरत वन में, राम मिलन की आस लिए।

मिले राम भरत से, जैसे भक्त से भगवान मिलें,
हुई रोशन दिशायें, जैसे नभ को दिनमान मिलें।

भरत के आँखों से रुकती नहीं थी जल की धारा,
देख उन्हें राम का भी जब धीरज हारा।

बोले राम, कहो भाई जो कहने आये हो,
दे दो मुझे, जो कुछ भी देने लाये हो।

ज्ञानी बहुत हो तुम, धर्म का बस ध्यान रहे,
कहना वही, जिससे पिता का भी मान रहे।

कहा भरत ने, राज्य अवध का अर्पण करने लाया हूँ,
छल से दिया गया मुझे, सब समर्पण करने आया हूँ।

अब लौट चलो घर भईया, अवध में घोर निराशा है,
आस देखते नगर के वासी, तुमसे बहुत आशा है।

छल किये मेरी माता ने, मेरा कहो क्या दोष है,
छमा करो भईया मेरे, मन मे यदि कुछ रोष है।

आया हूँ प्रण कर, तुमको लेकर ही जाऊँगा,
जो न माने तुम, चिता अपनी यहीं सजाऊँगा।

विचलित हुए राम, सुन भरत की ऐसी भाषा,
अश्रु धारा बही दृगों से, टूटी मन की आशा।

राज्य जो तुम देने लाये हो, मैं सहर्ष अपनाता हूँ,
जीत गए तुम भाई मेरे, जग को आज बताता हूँ।

नहीं मानता तुमको दोषी, ना ही दोषी मेरी माई,
दोष किसी का नहीं, सब विधाता की थी चतुराई।

उपाय करो कुछ ऐसा की, पिता का मान भी रह जाए,
समाज में मर्यादा और वचन की आन भी रह जाए।

मेरे वन में रहने तक, तुम अवध मे राज करो,
मेरी जगह राजा बनो, पूरन सारे काज करो।

भारी मन से भरत ने आदेश राम का मान लिया,
भाई के मुख से भगवन का संदेश जैसे जान लिया।

बोले भरत, कुछ माँगू तो क्या मुझको दोगे?
कहा राम ने, इस वन में भईया मेरे क्या लोगे?

चरणों की धूल तुम्हारी पावरी भर ले जाऊँगा,
जब तक रहोगे वन में, इन पर ही शीश झुकाऊंगा।

लौटे भरत, लेकर राम की अजब निशानी,
मन में भाव भरे थे, आँखो से बहता था पानी।

नंदिग्राम में कुटी बना, करने लगे अब वास,
राज्य का पालन किया भरत ने, धारण कर संयास।

काशी की महिमा

काशी की महिमा न्यारी,
यहाँ विराजें स्वयं त्रिपुरारी।
यहाँ की सुबह मन को भाए,
साँझ सलोनी संगीत सुनाए।

रुद्र की नगरी अति पावन है,
भाव यहाँ का मन भावन है।
साधु सन्यासी सब यहाँ रहते,
पाप संताप सब गंगा में बहते।

विश्वनाथ जी यहाँ के वासी,
देते सबको सद्गति अविनाशी।
प्राण यहाँ जो तजकर जाता है,
हर बंधन से वो मुक्ति पाता है।

यहाँ संकटमोचन वीर हनुमान,
यहाँ कालभैरव बाबा बलवान।
यहाँ दुर्गाकुंड में माता दरबार,
तुलसी मानस में जीवन सार।

सारनाथ में रहें गौतम ज्ञानी,
प्रेमचंद की यहाँ कथा कहानी।
तुलसीदास यहाँ रामचरित गाए,
कबीर ने यहाँ उपदेश सुनाए।

यहाँ की कचौड़ सब्जी भाए,
लौंग लत्ता देख जी ललचाए।
लस्सी यहाँ की मलाई वाली,
चाट समोसे से सजती थाली।

पान बनारस वाला मन भाए,
जो आए बड़े शौक से खाए।
बनारसी साड़ी यहाँ की शान,
हस्तशिल्प की अद्भुत पहचान।

मस्ती में रहते यहाँ के वासी,
घट घट में बाबा अविनाशी।
मरघट में भी मिलें सन्यासी,
महाकाल की नगरी काशी।

ज़िंदगी दो पल की कहानी

ज़िंदगी दो पल की कहानी,
कभी ठहराव, कभी रवानी।
सुख दुख का सब खेला है,
जीवन सपनों का मेला है।

जन्म से जो यात्रा शुरू हुई,
इक दिन मृत्यु में खो जाएगी।
हँसती गाती ये जिंदगी,
काल की गोद में सो जाएगी।

काल का चक्र अनवरत चलता,
बर्फ की भाँती जीवन पिघलता।
कभी खुशी, कभी आंखो में पानी,
जीवन की बस यही कहानी।

यात्री हैं सब, सफर है जीवन,
कभी शहर, कभी ये निर्जन वन।
सांसों की डोर पकड़ चलना है,
कभी गिरना, कभी संभलना है।

सफर अलग भले हों सबके,
मंजिल सबकी है एक यहाँ।
राजा हो या हो कोई चाकर,
सबकी गति होती एक यहाँ।

धन दौलत यहीं रह जाना है,
अकेले आना, अकेले जाना है।
सुख दुख सब यहीं पर छूटेंगे,
रिश्ते नाते भी आखिर टूटेंगे।

जीवन की क्या खूब कहानी,
दरिया का जैसे बहता पानी।
बचपन से बुढ़ापे की रवानी।
जिंदगी दो पल की कहानी

प्रेम ही जीवन का आधार

प्रेम ही जीवन का आधार,

प्रेम नहीं तो फीका ये संसार।

जीवन का बस इतना ही सार,

आपस में हो स्नेह और प्यार।

प्रेम में राधा हुई थीं दिवानी,

कान्हा संग करतीं आनाकानी।

प्रेम में सीता अपना सुख हारीं,

फिरी राम संग वन में मारी मारी।

प्रेम में सुध बुध खोकर मीरा,

विष का प्याला पी जाती है।

लाख जतन करता हर कोई,

गिरिधर के ही गुण गाती है।

प्रेम में जोधा के, अकबर हारे,
महल के भीतर मंदिर बनवाए।
प्रेम में, धर्म के सब बंधन टूटे,
मुसलमां होकर बुत पुजवाए।

प्रेम न जाने मजहब की लकीर,
प्रेम में खोए राजा, पीर, फ़कीर।
प्रेम से ही जागृत यह संसार है,
प्रेम नहीं तो जीवन बेकार है।

हो गए केवट के श्रीराम

केवट को बुलाकर बोले श्रीराम,

गंगा पार करो हमें, तो हो कुछ काम।

केवट देख राम को, मन ही मन मुसकाया,

कुछ सकुचाया, फिर मन के भाव बताया।

बोला केवट, भेद तुम्हारा मैं तो जानूँ,

चरणों में जादू टोना, ऐसा भी मैं मानूं।

सुनी तुम्हारे चरणों की खूब कहानी,

पत्थर की शिला हुई थी सुंदर नारी।

नैया मेरी, परिवार की पालन हारी,

इससे ही चलती प्रभु रोज़ी हमारी।

नैया जो नारी हुई अनर्थ हो जायेगा,

जीवन मेरा तो व्यर्थ हो जायेग।

हाँ उपाय मन में है इक आया,
धोकर चरण देखूँ क्या है माया।
चरण रज पीकर जो मैं बच जाऊंगा,
प्रभु गंगा पर तुम्हें कराऊंगा।

मुस्का कर बोले फिर भगवान,
करो वही जिससे ना हो नुकसान।
कठवता मंगाओ, चरण तुम पखारो,
हो रहा विलंब, अब पार हमें उतारो।

प्रेम लिए मन में, केवट चरण पखारन लागा,
कर्म फल मिला उसे, भाग उसका था जागा।
चरण रज पीकर पितरों को जब तार दिया,
लखन, राम, सिया को उसने गंगा पार किया।

गंगा पर उतरकर, खड़े हुए रघुवीर,
गुह, लखन, सीता सहित रहे कुछ गंभीर,
केवट उतर कर करने लगा जब प्रणाम,
देने को कुछ भी नहीं, सकुचाए भगवान।

सीता ने मुद्री तब प्रभु को थमाई,
देने लगे प्रभु केवट को उतराई।
केवट की आंखों में जल भर आया,
मन का भाव प्रभु को कह सुनाया।

नाथ आज मैं क्या नहीं पाया,
दोष, दरिद्रता सब तुमने मिटाया।
बहुत समय करता रहा मैं मजदूरी,
विधाता ने आज दे दी पूरी मजूरी।

बहुत समझाए केवट को भगवान,
केवट ने नहीं लिया जब कुछ दाम।
देकर अविरल भक्ति का वरदान,
हो गए केवट के श्री राम।

बचपन के वो ज़माने थे

बचपन के वो ज़माने थे

स्कूल न जाने के बहाने थे।

दिन भर धूप में खेलते थे,

यहाँ वहाँ हम दौड़ते थे।

दोस्ती का सीधा हिसाब था,

एक जैसा सबका लिबाज़ था।

लुका छुपी वाला खेल था,

कोई पास तो कोई फेल था।

सक्रांति में हम पतंग लड़ाते थे,

बारिश होती तो नाव बनाते थे।

चिड़िया उड़, मैना उड़, करते थे,

खूब लड़ते और झगड़ते थे।

गर्मी की छुट्टी जो हो जाती,
किताबें सब जैसे खो जातीं।
गलियों में करते थे ऐसे शोर,
घन देख नाचते जैसे मोर।

गेंद से हमरी कभी कांच टूटता,
कभी किसी का बल्ब फूटता।
शिकायत लेकर रोज़ कोई आता,
आकर हमें दो बात सुनाता।

हम भी भूल सब जाते थे,
अगले दिन फिर दोहराते थे।
रोज़ का ही ये फसाना था,
हर बार नया बहाना था।

उलाहने हमारे रोज़ आते थे,
हम भी अपना पक्ष सुनाते थे।
बच्चे थे हम, मन साफ था,
गुनाह हमारा सब माफ था।

बिना वजह ही खुश रहते थे,
पवन की तरह हम बहते थे।
कितने किस्से औ फसाने थे,
बचपन के वो ज़माने थे।

नेता जी कुछ तो खयाल करो

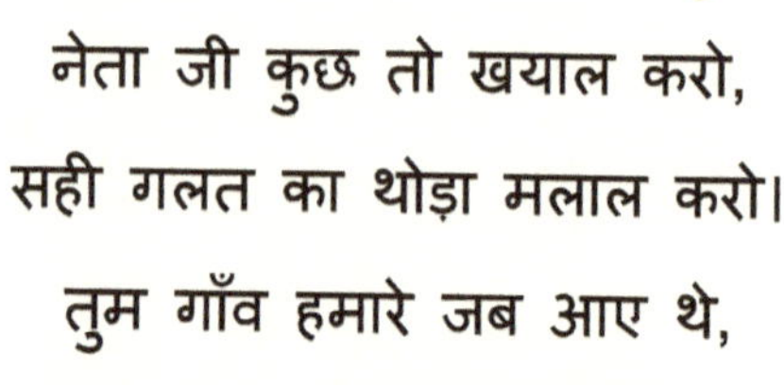

नेता जी कुछ तो खयाल करो,
सही गलत का थोड़ा मलाल करो।
तुम गाँव हमारे जब आए थे,
सपने कितने हमको दिखाए थे।

बिजली का भी तुम्हारा वादा था,
लिबाज़ भी तुम्हारा सादा था।
बोले थे तुम, अच्छे दिन आयेंगे,
किसान कर्ज मुक्त हो जाएंगे।

ईंधन का भी दाम घटेगा,
कर पहले से कम लगेगा।
महंगाई का नाम न होगा,
करप्शन वाला काम न होगा।

रोजगार के अवसर होंगे,
सबके पास अपने घर होंगे।
विदेशों से काला धन मंगवाएंगे,
गरीबों में उसको बटवाएंगे।

रुपए का भी मान बढ़ेगा,
देश का भी सम्मान बढ़ेगा।
अर्थव्यवस्था में सुधार होगा,
नहीं किसी का उधार होगा।

देखो तुम्हीं, क्या हाल हुआ,
जीना भी हमारा मुहाल हुआ।
कुछ कहने में भी डर लगता है,
चाबुक तुम्हारा ऐसा चलता है।

महंगाई से कमर टूट रही,
आस तुमसे अब छूट रही।
खुद से थोड़ा तुम सवाल करो,
नेता जी कुछ तो खयाल करो।

मजहब की दीवार

मजहब की तकरार जब होती है,
इंसानियत शर्मसार तब होती है।
अंधा हो जाता जैसे हर इंसान,
मिट जाता मान और सम्मान।

याद करो इतिहास की बातों को,
सन सैतालिस की कड़वी यादों को,
बेबस आंखों औ फरियादों को।
नफरत से भरे उन संवादों को।

हमने क्या कुछ नहीं खोया था,
टूटे सपनों को कैसे संजोया था।
अब भी मन के सब घाव हरे हैं,
समय के साथ भी नहीं भरे हैं।

गलती पुरानी फिर न दोहराएँ,
मिलकर अब हर त्योहार मनाएँ।
मंदिर मस्जिद गिरजा गुरुद्वारे,
ईश्वर के ही तो घर हैं सारे।

आओ मिल कर अब साथ रहें,
अल्लाह ईश्वर सब साथ कहें।
इंसानियत का धर्म बस प्यार,
न रहे कोई मजहब की दीवार।

सीता की व्यथा

राम जी का साथ दिया जिसने, छाया बन कर,
मायापति के साथ रही जो, उनकी माया बन कर।

रावण को इक तिनके से जिसने डरा दिया,
बिना शस्त्र उठाये, लंकापति को हरा दिया।

जो साक्षात लक्ष्मी का अवतार थीं,
वीणा पानी का संपूर्ण सार थीं।

जिनके आशीष से, स्वयं हनुमान अमर हुए,
जिनकी इच्छा से, अग्नि देव सरल हुए।

धरती से उत्पन्न हुईं, जनक का अभिमान थीं,
मिथिला की वो राजकुमारी, अवध का सम्मान थीं।

रावण को राम ने निश्चित ही मारा था,
पर अशोक वाटिका में, सीता से पहले ही वो हारा था।

फिर भी सीता को, जग ने नहीं स्वीकार किया,
अग्नि परीक्षा लेकर भी, उनका तिरस्कार किया।

इक धोबी के कहने पर, खूब उपहास हुआ,
राम राजा बने रहे और सीता को वनवास हुआ।

गर्भवती वो देवी थी, दुख अपार सहती रही,
पीड़ा स्वयं की, स्वयं से ही कहती रही।

धरती से उत्पन्न हुई, धरती में ही चली गयी,
जीवन भर दुख सहा, अपनो से ही छली गयी।

राम जी का राज था, पर नारी का कहाँ मान रहा?
कभी अग्नि परीक्षा, कभी वनवास, होता सदा अपमान रहा।

अयोध्या ये कलंक कैसे धो पायेगी,
प्रजा यहाँ की चैन से कैसे सो पायेगी।

सरयू की अविरल धारा भी थम जायेगी,
व्यथा सीता की जब कोई सीता गायेगी।

अवध की पावन भूमि भी शर्मिंदा होगी,
सीता प्रसंग रहेगा जब तक, निंदा होगी।

हर युग मे, लुवकुश राम का रथ रोकेंगे,
सीता का क्या था दोष, कह कर उनको टोकेंगे।

इन प्रश्नों के आगे, नतमस्तक भगवान रहेंगे,
सीता ने सहा था अपमान, अब हर युग में राम सहेंगे।

मैं कवि हूँ, कविता गाऊँगा

मैं कवि हूँ, कविता गाऊँगा,

लफ़्ज़ों के बाण चलाऊँगा।

व्यथा दुखियों की तुम्हें,

मैं गाकर रोज़ सुनाऊंगा।

मैं कोई राजकवि नहीं जो,

कसीदे पढ़ खुश हो जाऊंगा।

मैं तो फक्कड़ शायर हूँ,

प्रश्न शासन पर भी उठाऊंगा।

मैं साधक वीना पानी का,

पाठक गज़ल औ कहानी का।

मेरी कलम सदा सच बोलेगी,

स्याही परत सत्य की खोलेगी।

मेरी कविता आंखो में उतरेगी,

लहू की तरह ये तो बिखरेगी।

शोषित लोगों का ढाल बनेगी,

शासन के समक्ष सवाल बनेगी।

मैं लिखूंगा लोगों की लाचारी,

युवाओं की पीड़ा और बेकारी।

गाऊंगा किसान के दुख को,

भ्रष्ट सरकार के भी रुख को।

क्यों स्कूलों में शिक्षा रही नहीं,

क्यों व्यवस्था सरकारी सही नही।

क्यों दवा का इतना अकाल है,

क्यों हर तरफ मचा बवाल है।

क्यों फैली है यहाँ इतनी लाचारी,

क्यों बेबस रोती जनता बेचारी।

क्यों मृत्यु पर भी मान नहीं मिलता,

उचित यहां सम्मान नहीं मिलता।

मैं भ्रष्टाचार का सवाल उठाऊंगा,
शासन को भी आँख दिखाऊंगा।
मैं अदब की महफिल सजाऊंगा,
नई पीढ़ी को अदब सिखाऊंगा।

मैं कवि हूँ, कविता गाऊंगा,
रौशनी हर तरफ फैलाऊंगा।
अंधकार के इस आंगन में,
दिया ज्ञान का जलाऊंगा।
मैं कवि हूँ, कविता गाऊँगा।

बापू तुम्हें आना होगा

बापू तुम्हें आना होगा,
पाठ अहिंसा का पढ़ाना होगा।
देखो देश तुम्हारा जल रहा,
अन्याय लोगों को खल रहा।

प्रेम से, देखो कोई नहीं बोलता,
बात बात पर सबका खूं खौलता।
घृणा और द्वेष का वातावरण है,
झूठ और फरेब का आवरण है।

आकर देखो, कैसी हालत हो गई,
व्यवस्था की कैसी गारत हो गई।
शासन के द्वारा ही शोषण हो रहा,
भ्रष्टाचार से सबका पोषण हो रहा।

देखो बापू, देश की ये राजनीति,
झूठ, भ्रष्टाचार और है अनीति।
दागी लोग सब अब नेता हो गए,
सांसद भी देखो, अभिनेता हो गए।

आलोचना, अब कोई सुनता नहीं,
भाव सच्चे, अब कोई बुनता नही।
तिकड़म बाजी का खेल हो रहा,
चोर उच्चकों का मेल हो रहा।

शरीफों की अब कौन वकालत करे,
सत्ता से भला कौन अदावत करे।
अच्छे लोग बेबस और लाचार हुए,
बंधक जैसे अब तो विचार हुए।

देखो देश तुम्हारा अब रो रहा,
भाव अहिंसा वाल भी खो रहा।
गरीब, मजलूम देखो बेकरार हैं
भ्रष्ट लोगों की ऐसी सरकार है।

बापू तुम्हें आना होगा,
राह फिर सबको दिखाना होगा।
जो बेबस और लाचार हुए,
हौसला उनका बढ़ाना होगा।
बापू तुम्हें आना होगा।

जो बीत गए वो दिन भी अच्छे थे

जो बीत गए, वो दिन भी अच्छे थे
जो साथ रहे, वो दोस्त भी सच्चे थे!

न पैसों का फिक्र, न समय का खयाल था
न भविष्य का ज़िक्र, न बातों का मलाल था!

जब जैसा होता वैसा कह देते थे
मतभेदों को भी हँस कर सह लेते थे!

कभी मज़ाक बन जाते, कभी बना भी देते थे
रोते रोते इक दूजे को हँसा भी देते थे!

बचपन का वो भोलापन, लड़कपन से जवानी
कोलेज की वो मोहब्बत और आँखो में पानी!

सपनो की वो दौड़, उम्मीदों की रवानी
हर दिन गढ़ते थे कोई नई कहानी!

मोबाइल का दौर नहीं चिड्डियों का काल था
दूरियाँ थीं बहुत, दिलों मे सबका खयाल था!

मजहबी ताना बाना भी क्या खूब था
आपसी रिश्तों का ऐसा गठजोड़ था!

न हिंदू थे, न मुसलमान थे
एक दूसरे के लिए, बस इंसान थे!

जो बीत गए, वो दिन भी अच्छे थे
जो साथ रहे, वो दोस्त भी सच्चे थे!

आखिर इंसान क्या करे

दुख से भरा हुआ यह जीवन,

लगते समान बैरी और प्रीतम।

भाई भाई रोटी के लिए लड़ते,

मासूम बच्चे गरीबी में सड़ते।

इन घावों को, कोई मरहम क्या भरे,

ऐसी हालत में, आखिर इंसान क्या करे?

आज मनुष्य, जीता नहीं जलता है,

एक बार नहीं, बार बार मरता है।

पीड़ा और दुख से भरी ये कहानी,

मजबूर है बचपन, मजबूर है जवानी।

कोई क्या होगा इन सब से परे,

ऐसी हालत में, आखिर इंसान क्या करे?

ईश्वर का भी खेल निराला,

धन और रिश्तों का मेल निराला।

धन की डोर से बंधा रिश्तों का प्यार है,

संसार कुछ और नहीं, बस पैसे का यार है।

कितने इस बंधन में फंस मरे,

ऐसी हालत में, आखिर इंसान क्या करे?

आंखो के सामने अंधेरा, लक्ष्य भी दूर हुआ,

भविष्य की चिंता में, वर्तमान भी चूर हुआ।

दसों दिशाओं में है निराशा ही निराशा,

आँख मिचौली खेल रहा, कैसा है यह विधाता।

इस जग में कोई क्या जिए क्या मारे,

ऐसी हालत में, आखिर इंसान क्या करे?

कुछ पल की ये जिंदगानी

कुछ पल की ये जिंदगानी,

सुख दुख से भरी रवानी।

माटी के इस संसार में,

छल कपट के बाज़ार में,

हार कर पड़ी सबको बितानी।

कुछ पल की ये जिंदगानी।

पैसा पैसा पैसा करता है,

मनुष्य आज पैसे पर मरता है।

रिश्तों का अब ध्यान नहीं,

ईश्वर का भी रहा मान नहीं,

धन दौलत ही अब तो भगवान है,

अलग थलक हुआ हर इंसान है,

जीवन की अब इतनी सी कहानी,

मन में सबके बस लाभ और हानि।
हार कर पड़ी सबको बितानी,
कुछ पल की ये जिंदगानी।

भूला भटका आज मानव है,
लोभ और ईष्र्या में बना दानव है,
इस दानव को, कोई कैसे समझाए,
मानव होकर क्यूँ दानव कहलाए।
घर घर की अब तो यही कहनी,
हार कर पड़ी सबको बितानी।
कुछ पल की ये जिंदगानी।

जीवन का भी अजब दस्तूर है

जीवन का भी अजब दस्तूर है,

जो कमजोर है उसी का कसूर है।

लेकिन ईश्वर को सबका ध्यान है,

उसकी नज़र में हर कोई समान है।

समय का चक्र चलता रहता है,

वक्त सभी का बदलता रहता है।

आज जो खुश हैं औरों की कमी पर,

वक्त उनको भी लाएगा कभी जमीं पर।

हँसना किसी के अभावों पर,

फलता नही जीवन की राहों पर।

हम सब को उसने ही बनाया है,

गुण-दोषों से सबको ही सजाया है।

हाय किसी की, जो लग जाएगी,
सुख समृद्धि सब पल में जाएगी।
जो आज बेबस हैं, सबल हो जायेंगे,
कमियों को जीत, प्रबल हो जायेंगे।

काल के चक्र से भला कौन बच पाया,
इसने अच्छे अच्छों को नाच नचाया।
जिनको वहम था की खुदा हो गए,
आज देखो खुद से भी जुदा हो गए।

मैं खुदा को खोज रहा हूँ

मैं खुदा को खोज रहा हूँ,

मन ही मन ये सोच रहा हूँ।

बना कर दुनिया को खुदा,

आखिर कहाँ चला गया।

इसी उधेड़बुन से परेशान होकर,

मैं मंदिर मंदिर भटक रहा हूँ की,

जो कभी वो मिल जाए कहीं तो,

मैं उससे पूछूंगा उसका पता।

पूछूंगा की फरियाद लोगों की,

उस तक क्यों नहीं पहुंचती।

पूछूंगा की तकलीफ लोगों की,

समय पर दूर क्यों नहीं होती।

क्यों कहते हैं लोग की,
उसके घर देर है, अंधेर नहीं।
देर भला उसके घर क्यों है,
जब वो कर सकता है सब सही।

पूछूंगा की गर वो, गरीबों के साथ है,
तो क्यों इतने बुरे उनके हालात हैं।
क्यों छोटे बच्चे भीख मांग रहे,
क्यों सड़कों की खाक छान रहे।

सुना था की कर्म का फल मिलता है
जैसा कर्म वैसा ही फूल खिलता है।
फिर क्यों चोर उचक्के साहुकार हुए,
ईमान वाले लोग बेबस, लाचार हुए।

लोग कहते हैं कि वो परीक्षा लेता है,
लेकिन मैंने तो आवेदन नहीं दिया।
न ही मेरी उत्तीर्ण होने की इच्छा है,
फिर क्यों वो सवाल परोस देता है।

मस्जिद और गुरुद्वारे भी घूम आया,
कहीं भी उसका पता नहीं पाया।
अपने सवालों की पोटली उठाए,
मैं मजारों के चक्कर लगा रहा हूँ।
मन ही मन कुछ सोच रहा हूँ,
मैं खुदा को खोज रहा हूँ।

आओ स्वतंत्रता दिवस मनाएं

आओ स्वतंत्रता दिवस मनाएं,
आजादी के गीत मिलकर गाएं।
याद करें आज हम दीवानों को,
आजादी के उन मतवालों को।

याद करें लकुटी वाले गांधी को,
सत्य अहिंसा वाली आंधी को।
प्रेम विनम्रता की बातें करते थे,
अंग्रेज उनके मौन से डरते थे।

याद करें झाँसी की रानी को,
मर्दों से लड़ने वाली मर्दानी को।
अकेले ही अंग्रेजों से लड़ी थी,
प्राण हथेली पर लिए खड़ी थी।

याद करें सुभाष चंद्र बोस को,
अंग्रेजों के प्रति उनके रोष को।
आजाद हिंद फौज के नायक थे,
देश के वो सपूत थे, लायक थे।

याद करें चंद्रशेखर आजाद को,
भारत माता के सरताज़ को।
अंग्रेज उन्हें कभी पकड़ न पाए,
बेड़ियों में कभी जकड़ न पाए।

याद करें भगत सिंह की कुर्बानी,
देश पर निछावर उनकी जवानी।
हँसते हँसते फांसी पर चढ़ गए,
अध्याय वीरता का वो गढ़ गए।

याद करें वल्लभ भाई पटेल को,
जिन्होंने रियासतों को जोड़ा था।
देश बनाने की खातिर उन्होंने,
कई दरियाओं को मोड़ा था।

याद करें अंबेडकर महान को,
उनके द्वारा लिखे संविधान को।
याद करें देश के पहले प्रधान को,
राष्ट्र के गौरव और अभिमान को।

आज मिलकर इनके गुण गाएं,
मुल्क ये प्यारा प्यार से सजाएं।
आओ स्वतंत्रता दिवस मनाएं,
सबको प्रेम से हम गले लगाएं।

मेरे भाई तुम कुछ बोलो

मेरे भाई तुम कुछ बोलो,

देखो गुलिस्तां बरबाद हो रहा,

झूठ से भरा हर संवाद हो रहा

धर्म भी अब शर्मसार हो रहा,

शासन वाले लोग संत हो गए,

चोर उच्चके सब महंत हो गए।

न्याय व्यवस्था का बुरा हाल है,

हर मुद्दे पर हो रहा बवाल है।

देखो सड़कों पर बेबस बच्चे,

हाथ फैलाए भीख मांग रहे।

देखो किसान कर्ज में डूबे,

खुद को दरख्तों पर टांग रहे।

देखो महंगाई अब,
नागिन बन सबको डसने लगी।
और व्यवस्था बेशर्म होकर,
नागरिकों पर ही हँसने लगी।

देखो बोलने का भी,
अब तो जैसे अधिकार नहीं।
आलोचना किसी को भी,
अब कतई स्वीकर नही।

अब भी यदि तुम,
मौन यूँही रह जाओगे।
अत्याचार शासन का,
चुपचाप जो सह जाओगे।

इतिहास तुम्हें भी,
माफ नहीं कर पायेगा।
जो तटस्थ हैं, उनका भी
अपराध लिखा जायेगा।

वक्त का अब तकाज़ा है,
खुद को थोड़ा झकझोरो।
इससे पहले की देर हो जाए,
मेरे भाई तुम कुछ बोलो।

हाँ मैं मुसलमान हूँ

मैं इस्लाम का मानने वाला हूँ,
कुरान की आयत बाचने वाला हूँ।
मेरे तौर-तरीके औरों से जुदा हैं,
लेकिन दिल में मेरे भी खुदा है।
मैं भी उसी की संतान हूँ,
हाँ मैं मुसलमान हूँ।

मैं ईश्वर की मूरत को नहीं मानता,
खुदा को निराकार ही जानता।
मैं महीने भर रोज़ा रखता हूँ,
नियम से सजदा करता हूँ।
मैं इस्लाम की पहचान हूँ,
हाँ मैं मुसलमान हूँ।

मुझे लोग देश द्रोही भी कहते,
ताने लोगों के भी हम सहते।
आतंकवाद से हमें जोड़ा जाता है,
बेवजह भी झकझोरा जाता है।
मैं इंसानियत का अरमान हूँ,
हाँ मैं मुसलमान हूँ।

कुछ लोगों ने कौम को बदनाम किया,
आतंक का घिनौना काम किया।
अच्छे, बुरे, हर तरह के होते इंसान हैं,
हममें भी कई सूफी, संत महान हैं।
मैं इस मुल्क की शान हूँ,
हाँ मैं मुसलमान हूँ।

हमारे पुरखे भी आजादी के लिए लड़े,
इस मुल्क की मर्यादा के लिए अड़े।
शहादत हमने भी बहुत दी थी,
अदावत अंग्रेजों से भी ली थी।
देश भक्ति की पहचान हूँ,
हाँ मैं मुसलमान हूँ।

हम भी गर्व से तिरंगा लहराते हैं,

मुल्क की तरक्की पर इठलाते हैं।

लिबाज़ भले ही अलग हों मेरे,

दिल सबसे मिल जाते हैं।

मैं भी देश की शान हूँ,

हाँ मैं मुसलमान हूँ।

पत्रकार महोदय, कुछ तो शर्म करो

पत्रकार महोदय, कुछ तो शर्म करो,
जी हुज़ूरी छोड़ो, अपना कर्म करो।
देश समस्याओं से देखो जूझ रहा,
लोगों को कुछ भी नहीं सूझ रहा।

रोजगार शिक्षा और महंगाई,
समस्या जैसे आसमां छू आई।
हर तरफ देखो, पसरी लाचारी,
त्राहिमाम करती जनता बेचारी।

तुम्हारा तो धर्म था सच दिखाना,
कर्म था वाजिब सवाल उठाना।
जनमानस की तकलीफ बताना,
सच्चाई लोगों तक था पहुंचाना।

तुम तो सत्ता से ऐसे डरने लगे,
सरकार का ही भजन करने लगे।
शान में उनकी कसीदे पढ़ते हो
उनके लिए लड़ते औ झगड़ते हो।

तुम्हे गलत कुछ लगता ही नहीं,
जो नेता जी कह दें, वो ही सही।
कानून कैसे भी बनाए जा रहे,
तुम अभिनंदन गीत गाए जा रहे।

हर फैसले को सही ठहराते हो,
नुकसान को भी नफा बताते हो।
साहिब का गुण गाकर सुनाते हो,
लोगों को तुम तो बस भरमाते हो।

खबर बताते नही, तुम बनाते हो,
फरमान सरकार का सुनाते हो।
प्रचार में ऐसे तुम रम जाते हो,
पार्टी प्रवक्ता खुद बन जाते हो।

सरकार की दलाली में सब भूले,
सत्ता के झूले में, तुम तो ऐसे झूले।
नेताओं की जूतियां तक उठाते हो,
जूठन सत्ता की शौक से खाते हो।

तुम्हे तनिक भी लाज न आई,
अपनी रोज़ी की गरिमा बिसराई।
अब भी समय है, थोड़ा मनन करो,
पत्रकार महोदय, कुछ तो शर्म करो,
जी हुज़ूरी छोड़ो, अपना कर्म करो।

मैं आज का पत्रकार हूँ

मैं आज का पत्रकार हूँ,
खबर नहीं, सिर्फ प्रचार हूँ।

सत्ता से मेरा सीधा सरोकार है,
पत्रकारिता मेरे लिए व्यापार है।
जो कहा जाता कहने को कहता हूँ,
शासन के इशारे पर चुप रहता हूँ।

हर शाम टीवी पर बहस कराता हूँ,
लोगों को भड़काता हूँ, खूब लड़ाता हूँ।
खबर वही चलती, जो सरकार को भाए,
टीआरपी बढ़े और प्रचार भी आए।

पत्रकारिता का अब कोई धर्म नहीं,
व्यवस्था परिवर्तन अब मेरा कर्म नहीं।

जनमानस का मुझे अब खयाल नहीं,
सही गलत का कोई मलाल नहीं।

हाँ सच है, इक दौर वो भी था,
जब पत्रकारिकता पेशा नहीं धर्म था।
लोगों की आवाज उठाना, हमारा नित्य कर्म था,
अंग्रेजों को भी, हमने दातों चने चबवाया था।
लोगों को अखबारों ने ही तो जगाया था।

हम ही थे, जो गांधी की आवाज बने,
अशफ़ाक और बिस्मिल के गीतों की साज़ बने।
अंबेडकर के मूक नायक थे हम,
पिछड़ों के एकमात्र सहायक थे हम।

अब हमारी कलम में वैसी धार कहाँ?
स्याही भी सूख चली, अब वो सार कहाँ?
अब तो पेशा है, घर मुझे भी चलाना है।
मकान बनाना है, बच्चों को पढ़ाना है।
मैं आज का पत्रकार हूँ,
खबर नहीं, सिर्फ प्रचार हूँ।

किसी की साज़िश है

किसी की साज़िश है की,
मुद्दे बुनियादी बदल दिये जाएँ,
सवाल सवालों से हल किए जाएँ।
इश्तहारों से भ्रम फैलाया जाए,
प्रचार से लोगों को बहकाया जाए।

लोग नशे में इस कदर खोए रहें,
आग लगे शहर में और वो सोए रहें।
मजहब का उन्माद, यूँ फैलाया जाए
भाई को भाई से अब लड़ाया जाए।

किसी की साजिश है की,
राम रहीम पर ही अब तो चर्चा हो,
मंदिर के चंदे का घर घर पर्चा हो।

महंगाई को भी सही ठहराया जाए,
लोगों को इस कदर भरमाया जाए।

सेना के शौर्य का भी अब इस्तेमाल हो,
राजनीति के लिए सेना पर सवाल हो।
देशभक्ति का प्रमाण, सबसे मांगा जाए,
राष्ट्रभक्ति, पारा लगा कर मापा जाए।

किसी की साजिश है की,
महंगाई रोजगार पर बात न हो,
शिक्षा स्वास्थ पर संवाद न हो।
युवा नशे में दिन रात सोए रहें,
वाट्सएप की दुनिया में खोए रहें।

नया मुल्क इस कदर बनाया जाए,
इतिहास को फिर से पढ़ाया जाए।
जो तथ्य हमें नहीं हों मंजूर,
उन पन्नो को किताबों से हटाया जाए।

ये समय की कैसी आहट है

(संदर्भ: कोरोना काल)

ये समय की कैसी आहट है,
हर ओर बस घबराहट है।

हवा में जहर का कोई कतरा है,
सांस लेने मे भी बहुत खतरा है।

हर तरफ इक अजीब सी खामोशी है,
चुप हैं सब और थोड़ी सरगोशी है।

लोग हर उम्र के रोज़ मर रहे,
जो ज़िंदा हैं, खौफ मे हैं और डर रहे।

डॉक्टर जो भगवान बन लड़े हैं,
वो भी हाथ जोड़े असहाय से खड़े हैं।

अस्पतालो में जगह नहीं, लंबी कतार है,
सड़को पे दम तोड़ रहे लोग, बस हाहाकार है।

दवा जो जीवन देती थी अब साथ छोड़ चली,
जिंदगी जिंदगी से जैसे मुँह मोड़ चली।

मानवता हर रोज़ हार रही है,
रिश्ते नाते सबको मार रही है।

किसी अपने का फोन जो देर रात बज उठता है,
दिल बैठ जाता है, मन सिहर उठता है।

जाने कितने खूबसूरत लोग नहीं रहे,
जो रह गये उन्होंने भी कितने दुख सहे।

अब भी मृत्यु का ये खेल नहीं रुक रहा,
काल का मस्तक तनिक भी नहीं झुक रहा।

श्मशानों मे चिताएं जल रहीं, धुंआ उठ रहा,
कोई मय्यत की दुआ पढ़ रहा, कहीं जनाज़ा उठ रहा।

दुनिया बनाने वाले अब तेरा ही सहारा है,
प्रयास सबने बहुत किया पर हर कोई हारा है।

भूल जो हुई हो हमसे अब माफ करो,
हवा मे जो गंध फैली उसको अब साफ करो।
काल को दो आदेश की अब रुक जाए,
जीवन के आगे अब मृत्यु झुक जाए।

बहुत लंबी रात रही, अंधेरा अब दूर करो,
सूरज की नव किरणों से तम का अहं अब चूर करो।
थम गयी जो सरिता, वापस अपनी लहरों को उबारे,
साफ कर अपने सफ़ीने, मांझी भी उठा सकें पतवारें।
सहम गयी जो जिंदगी, वापस अपने पंख पसारे,
जीत जाएँ सबके हौंसले और दुख सबके अब हारें।